Impressum
Verlag: BABADADA GmbH, Nedderfeld 112 , 22529 Hamburg
Geschäftsführer / Verlagsleitung: Harald Hof
Druck: Books on Demand GmbH, In de Tarpen 42, 22848 Norderstedt

Imprint
Publisher: BABADADA GmbH, Nedderfeld 112 22529 Hamburg, Germany
Managing Director / Publishing direction: Harald Hof
Print: Books on Demand GmbH, In de Tarpen 42, 22848 Norderstedt, Germany

jiao shi
osztályterem

chu
oszt
186/2

hei ban
asztal

xiao yuan
iskolaudvar

lao shi
tanár

zhi
papír

shu xie
írni

gang bi
toll

ban gong zhuo
íróasztal

zhi chi
vonalzó

shu
könyv

xue sheng
tanuló

shu bao

iskolatáska

qian bi he

tolltartó

qian bi

ceruza

juan bi dao

ceruzahegyező

xiang pi ca

radír

hua ban

rajzfüzet

tu hua

rajz

hua bi

ecset

yan liao he

festőkészlet

jian dao

olló

jiao shui

ragasztó

lian xi ce

munkafüzet

jia ting zuo ye

házi feladat

shu zi

szám

jia

összead

jian

kivon

cheng

szoroz

ji suan

számol

zi mu

betű

zi mu biao

ABC

zi

szó

ke wen

szöveg

du

olvasni

fen bi

kréta

shang ke

tanóra

deng ji

napló

kao shi

vizsga

zheng shu

bizonyítvány

xiao fu

iskolai egyenruha

jiao yu

oktatás

bai ke quan shu

enciklopédia

da xue

egyetem

xian wei jing

mikroszkóp

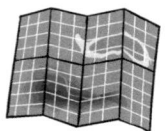

di tu

térkép

fei zhi kuang

papír-hulladék gyűjtö

lü xing
utazás

jiu dian
hotel
Grand
qing nian lü xing she
szállás
ROOMS
wai bi dui huan chu
valutaváltó iroda
EXCHANGE
shou ti xiang
bőrönd
qi che
autó

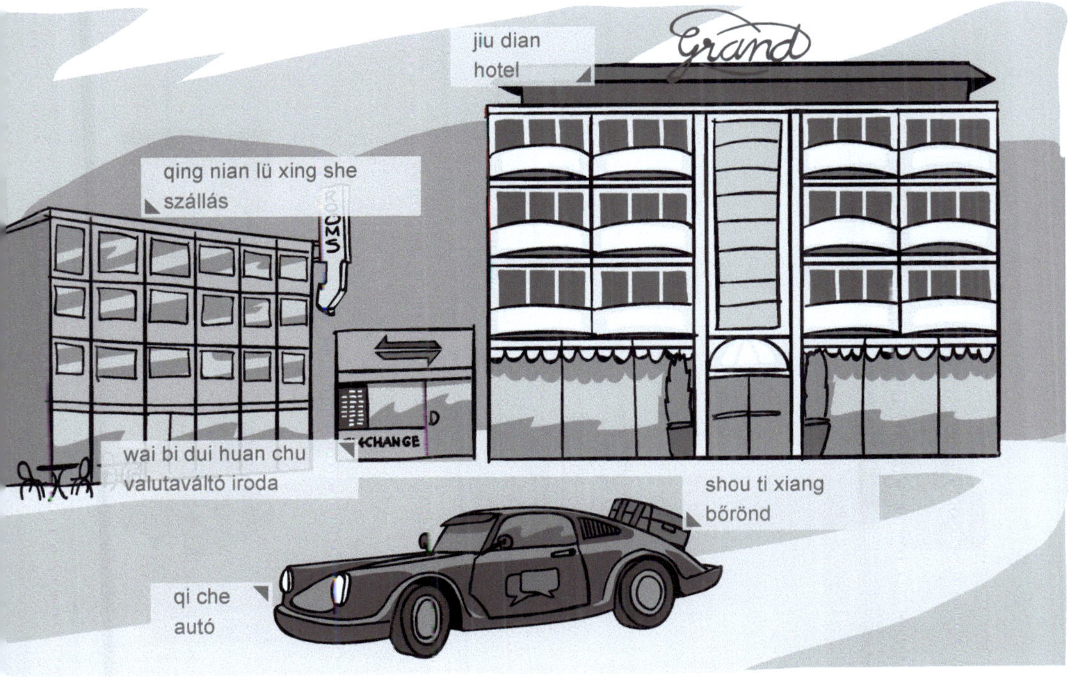

yu yan
nyelv

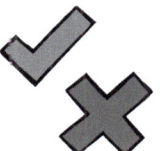

shi/fou
igen/nem

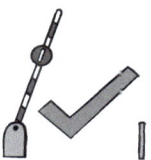

hao de
rendben

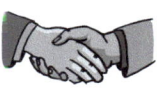

nin hao
szia

fan yi yuan
fordító

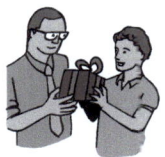

xie xie
köszönöm

......duo shao qian?

mennyibe kerül...?

wo bu ming bai

nem értem

wen ti

probléma

wan shang hao!

Jó estét!

zao shang hao!

jó reggelt!

wan an!

jó éjszakát!

zai jian

viszontlátásra

fang xiang

útirány

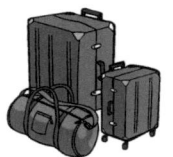

xing li

poggyász

bao

táska

shuang jian bao

hátizsák

ke ren

vendég

fang jian

szoba

shui dai

hálózsák

zhang peng

sátor

lü you xin xi

turista információ

hai tan

strand

xin yong ka

hitelkártya

zao can

reggeli

wu can

ebéd

wan car

vacsora

piao

jegy

dian ti

lift

you piao

bélyeg

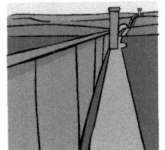

bian jie

határ

hai guan

vám

da shi guan

nagykövetség

qian zheng

vízum

hu zhao

útlevél

jiao tong yun shu
közlekedés

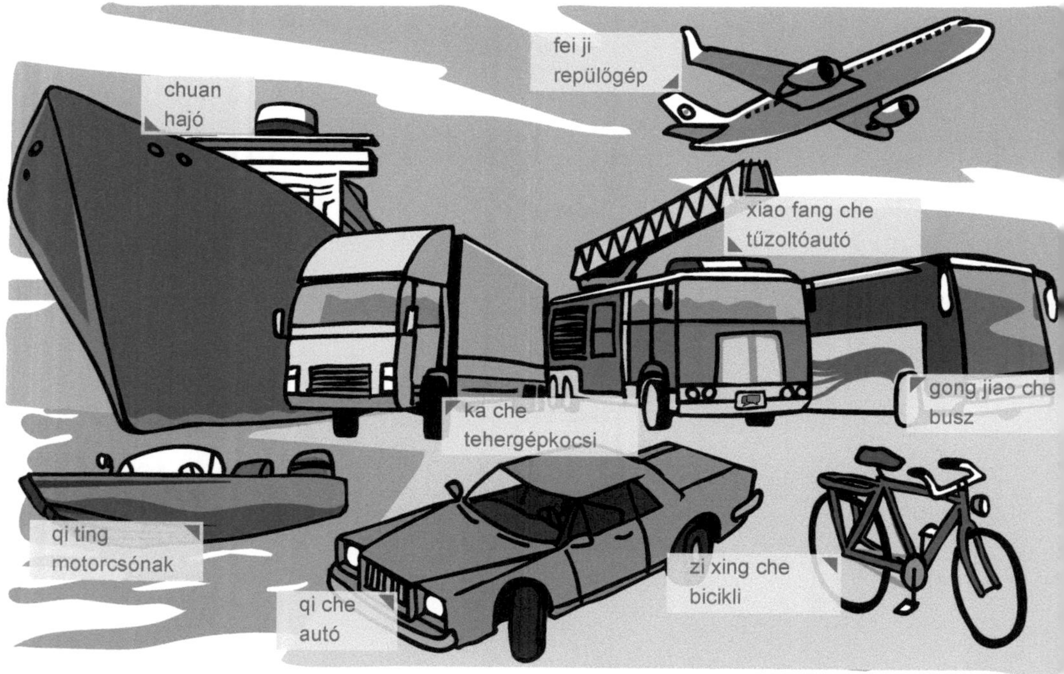

fei ji
repülőgép
chuan
hajó
xiao fang che
tűzoltóautó
gong jiao che
busz
ka che
tehergépkocsi
qi ting
motorcsónak
zi xing che
bicikli
qi che
autó

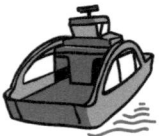

bai du chuan

komp

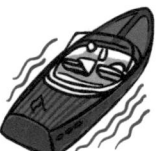

xiao chuan

csónak

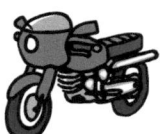

mo tuo che

motorkerékpár

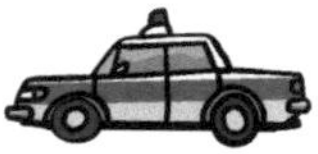

jing che

rendőrautó

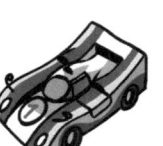

sai che

versenyautó

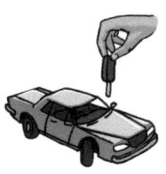

zu che

bérautó

pin che

telekocsi

tuo che

vontató

la ji chə

szemetes autó

fa dong ji

motor

qi you

üzemanyag

jia you zhan

benzinkut

jiao tong biao zhi

közlekedési tábla

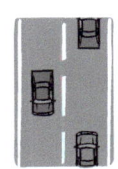

jiao tong

forgalom

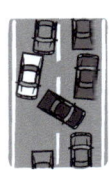

jiao tong du sai

forgalmi dugó

ting che chang

parkoló

huo che zhan

vonatállomás

gui dao

sínek

huo che

vonat

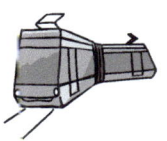

dian che

villamos

huo che

vagon

zhi sheng ji

helikopter

ji chang

repülőtér

ta

torony

cheng ke

utas

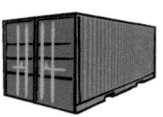

ji zhuang xiang

konténer

zhi ban xiang

kartondoboz

shou tui che

taliga

lan zi

kosár

qi fei/jiang luo

felszáll / leszáll

cheng shi

város

cun zhuang

falu

shi zhong xin

városközpont

fang zi

ház

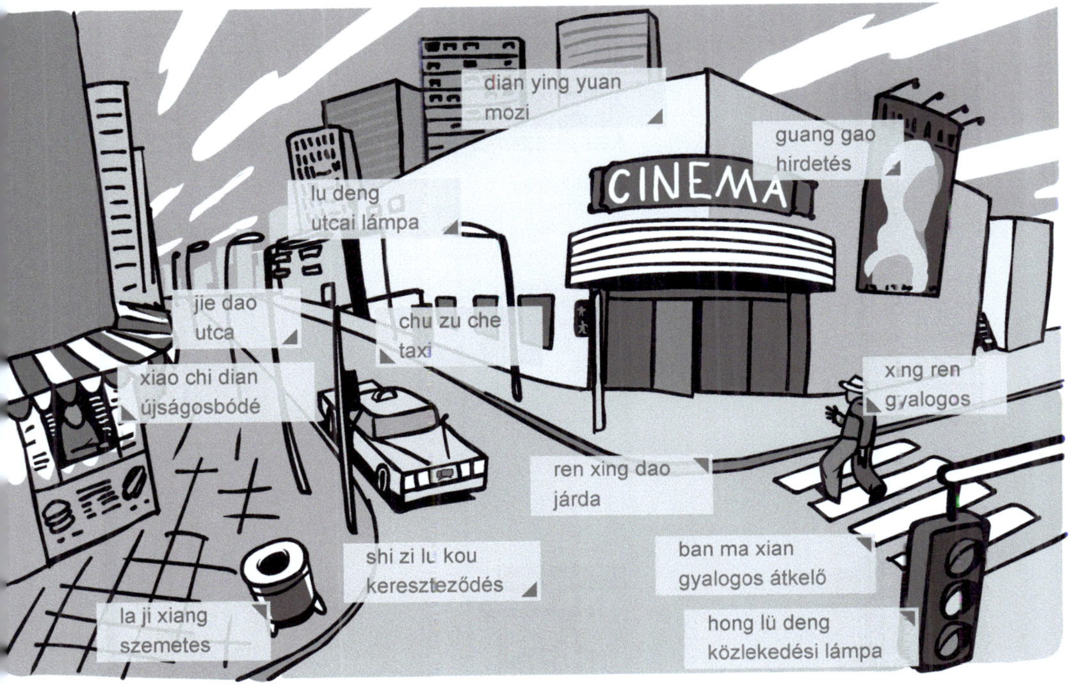

dian ying yuan / mozi

guang gao / hirdetés

lu deng / utcai lámpa

jie dao / utca

chu zu che / taxi

xiao chi dian / újságosbódé

xing ren / gyalogos

ren xing dao / járda

shi zi lu kou / kereszteződés

ban ma xian / gyalogos átkelő

la ji xiang / szemetes

hong lü deng / közlekedési lámpa

CINEMA

xiao wu

kunyhó

gong yu

lakás

huo che zhan

vonatállomás

shi zheng ting

városháza

bo wu guan

múzeum

xue xiao

iskola

da xue

egyetem

yin hang

bank

yi yuan

kórház

jiu dian

hotel

yao fang

gyógyszertár

ban gong shi

iroda

shu dian

könyvesbolt

shang dian

üzlet

hua dian

virágüzlet

chao shi

szupermarket

shi chang

piac

bai huo shang dian

áruház

yu dian

halárus

gou wu zhong xin

bevásárló központ

hai gang

kikötő

gong yuan

park

chang deng

pad

qiao

híd

lou ti

lépcső

di tie

metró

sui dao

alagút

gong jiao che zhan

buszmegálló

jiu ba

bár

can guan

étterem

you tong

postaláda

lu biao

utcatábla

ting che ji shi qi

parkoló óra

dong wu yuan

állatkert

you yong guan

uszoda

qing zhen si

mecset

nong chang

gazdálkodás

wu ran

környezetszennyezés

mu di

temető

jiao tang

templom

cao chang

játszótér

si miao

szentély

di xing

táj

shu ye
levél

zhi shi pai
útjelző tábla

lu
út

cao di
rét

shi tou
kő

tu bu lü xing zhe
túrázó

shu
fa

he
folyó

cao
fű

hua
virág

xia gu

völgy

shan

domb

hu

tó

sen lin

erdő

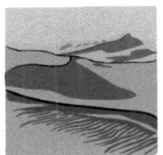

sha mo

sivatag

huo shan

vulkán

cheng bao

kastély

cai hong

szivárvány

mo gu

gomba

zong lü shu

pálmafa

wen zi

szúnyog

cang ying

légy

ma yi

hangya

mi feng

méhecske

zhi zhu

pók

jia chong

bogár

qing wa

béka

song shu

mókus

ci wei

sündisznó

ye tu

nyúl

mao tou ying

bagoly

niao

madár

tian e

hattyú

ye zhu

vaddisznó

lu

szarvas

mi lu

rénszarvas

shui ba

gát

feng li fa dian ji

szélturbina

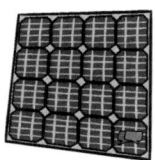

tai yang neng dian chi ban

napelem

qi hou

éghajlat

can guan
étterem

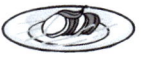

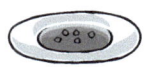

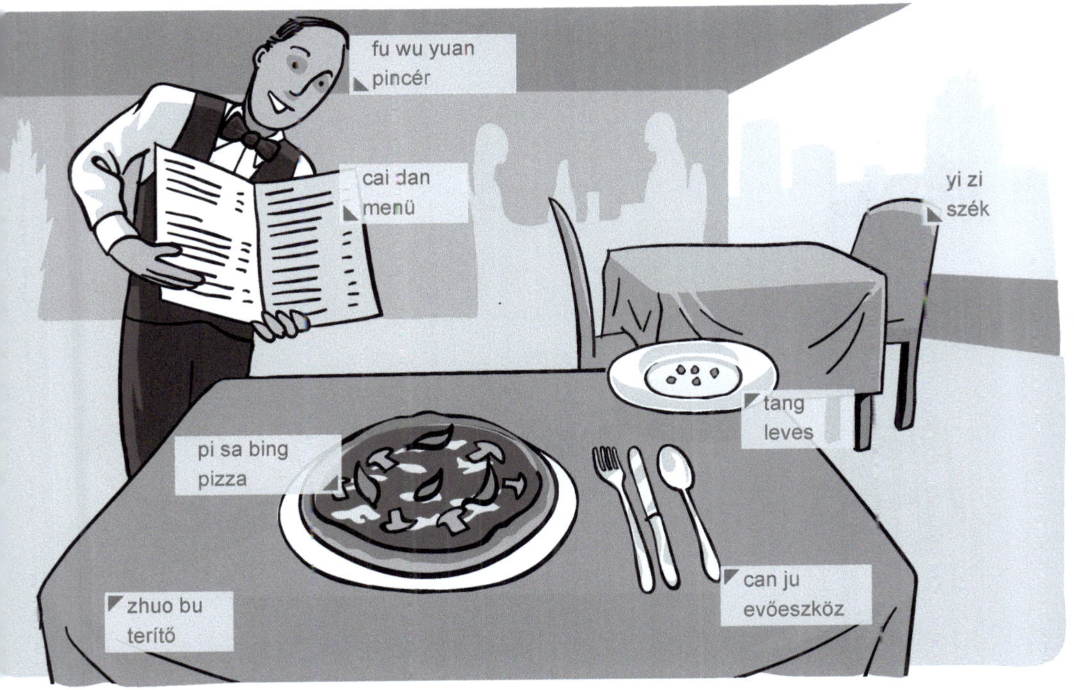
fu wu yuan
pincér
cai dan
menü
yi zi
szék
tang
leves
pi sa bing
pizza
zhuo bu
terítő
can ju
evőeszköz

qian cai

előétel

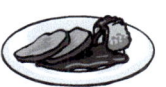

zhu cai

főétel

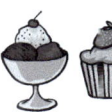

tian dian

desszert

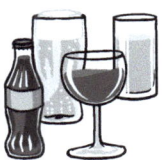

yin liao

italok

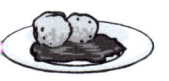

shi wu

étel

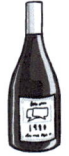

ping zi

üveg

kuai can
gyorsétel

jie bian xiao chi
gyorsétel

cha hu
teás kanna

tang he
cukortartó

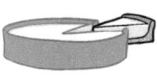

yi fen fan cai
adag

yi shi ka fei ji
eszpresszógép

gao jiao yi
bárszék

zhang dan
számla

tuo pan
tálca

dao
kés

can cha
villa

shao zi
kanál

cha chi
teáskanál

can jin
szalvéta

bo li bei
pohár

die zi

tányér

tang pan

leveses tányér

die zi

csészealj

jiang

szósz

yan ping

sószóró

hu jiao mo

borsőrlő

cu

ecet

shi yong you

étkezési olaj

tiao we liao

fűszerek

fan qie jiang

ketchup

jie mo

mustár

dan huang jiang

majonéz

chao shi
szupermarket

te jia
különleges ajánlat
FOR
gu ke
ügyfél
ru zhi pin
tejtermék
shui guo
gyümölcsök
gou wu che
bevásárló kocsi

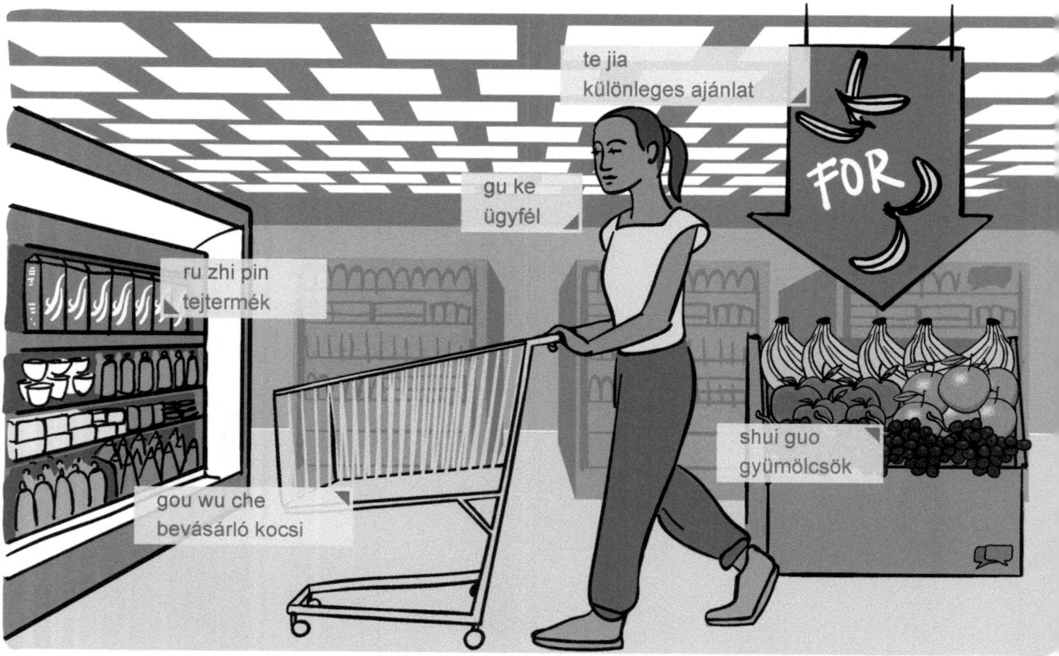

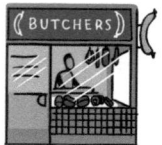

BUTCHERS

rou pu

hentes

BAKERY

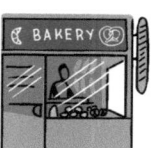

mian bao fang

pékség

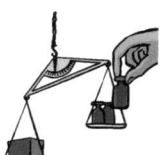

cheng zhong

nyom valamennyit

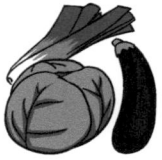

shu cai

zöldség

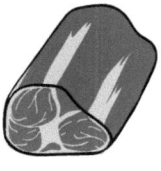

rou

hús

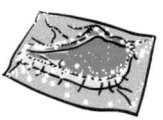

leng dong shi pin

fagyasztott áru

leng pan

felvágott

guan tou shi pin

konzerv

xi yi fen

mosćpor

tian shi

édességek

ri yong pin

háztartási termék

qing jie yong piʔ

tisztítószerek

xiao shou yuan

eladó

shou yin ji

pénztárgép

shou yin yuan

eladó

gou wu qing dan

bevásárló lista

kai fang shi jian

nyitva tartás

qian bao

levéltárca

xin yong ka

hitelkártya

dai zi

zacskó

su liao đai

műanyag zacskó

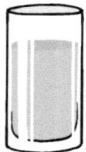

shui

víz

guo zhi

gyümölcslé

niu nai

tej

ke le

kóla

hong jiu

bor

pi jiu

sör

jiu

alkohol

ke ke

kakaó

cha

tea

ka fei

kávé

yi shi nong suo ka fei

eszpresszó

ka bu qi nuo

kapucsínó

xiang jiao

banán

ping guo

alma

cheng zi

narancs

xi gua

sárgadinnye

ning meng

citrom

hu luo bo

sárgarépa

da suan

fokhagyma

zhu zi

bambusz

yang cong

hagyma

mo gu

gomba

jian guo

magvak

mian tiao

noked i

yi da li mian tiao

spagetti

mi fan

rizs

sha la

saláta

shu tiao

sült krumpli

zha tu dou

sült burgonya

pi sa bing

pizza

han bao bao

hamburger

san ming zhi

szendvics

zha zhu pai

hússzelet

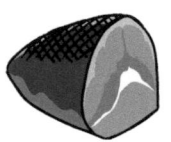

huo tui

sonka

sa la mi

szalámi

xiang chang

kolbász

ji rou

csirke

kao rou

pecsenye

yu

hal

yan mai pian

zabkása

mu zi li

müzli

yu mi pian

kukoricapehely

mian fen

liszt

yang jiao mian bao

croissant

mian bao juan

zsemle

mian bao

kenyér

kao mian bao

pirítós kenyér

bing gan

keksz

huang you

vaj

ning ru

túró

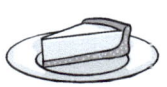

dan gao

sütemény

dan

tojás

jian dan

tükörtojás

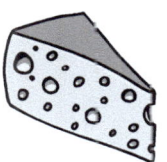

nai lao

sajt

shi wu - étel

bing ji lin

jégkrém

tang

cukor

feng mi

méz

guo jiang

lekvár

qiao ke li jiang

mogyorókrém

ga li fan

curry

shi wu - étel

nong chang
gazdálkodás

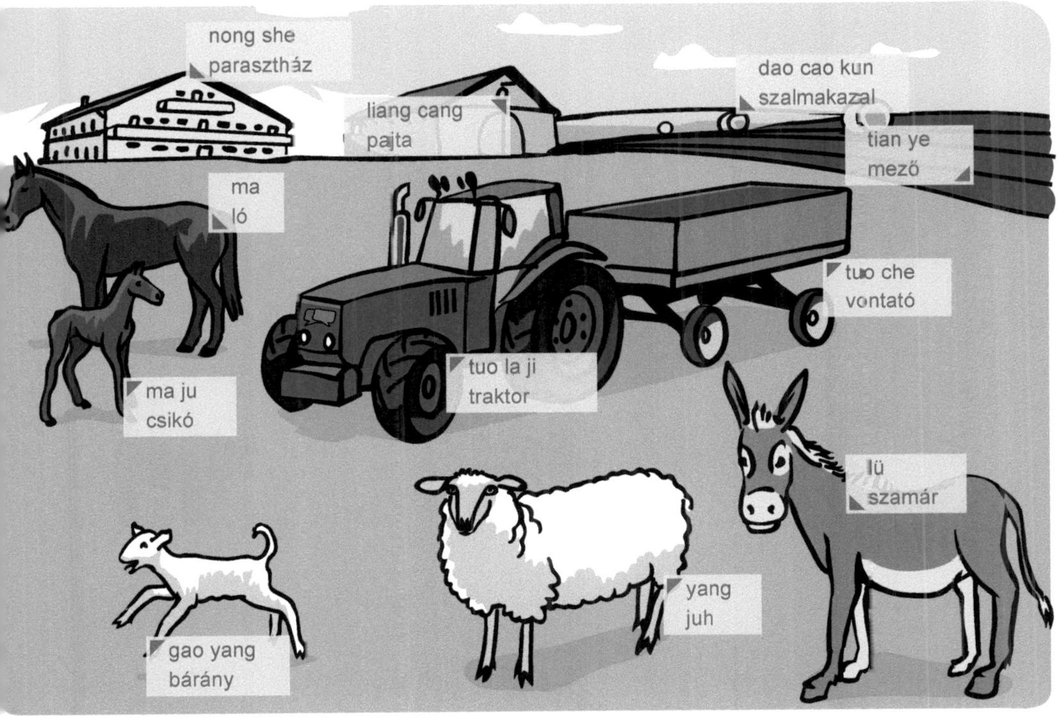
nong she
parasztház
liang cang
pajta
dao cao kun
szalmakazal
tian ye
mező
ma
ló
tuo che
vontató
tuo la ji
traktor
ma ju
csikó
lü
szamár
yang
juh
gao yang
bárány

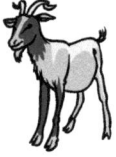

shan yang
kecske

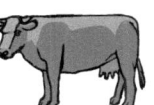

nai niu
tehén

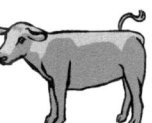

niu du
borjú

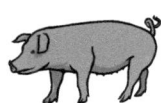

zhu
malac

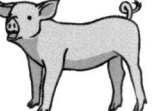

xiao zhu
kismalac

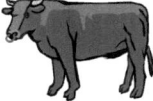

gong niu
bika

e
liba

ya
kacsa

xiao ji
csibe

mu ji
tojó

gong ji
kakas

shu
patkány

mao
macska

lao shu
egér

niu
ökör

gou
kutya

gou wu
kutyaház

hua yuan jiao shui ruan
guan
kerti öntözőcső

sa shui hu
öntözőkanna

chang bing da lian dao
kasza

li
eke

lian dao

sarló

chu tou

kapa

chang bing cao pa

vasvilla

fu tou

fejsze

du lun shou tui che

talicska

si liao cao

tekrő

niu nai guan

tejes kancsó

ma bu dai

zsák

zha lan

kerítes

ma jiu

istálló

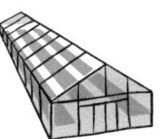

wen shi

üvegház

tu rang

talaj

zhong zi

vetőmag

fei liao

trágya

lian he shou ge j

cséplőgép

shou ge

szüretelni

shou ge

betakarítás

shan yao

yamgyökér

xiao mai

búza

da dou

szója

tu dou

burgonya

yu mi

kukorica

you cai zi

repcemag

guo shu

gyümölcsfa

shu shu

manióka

gu wu

gabona

fang zi
ház

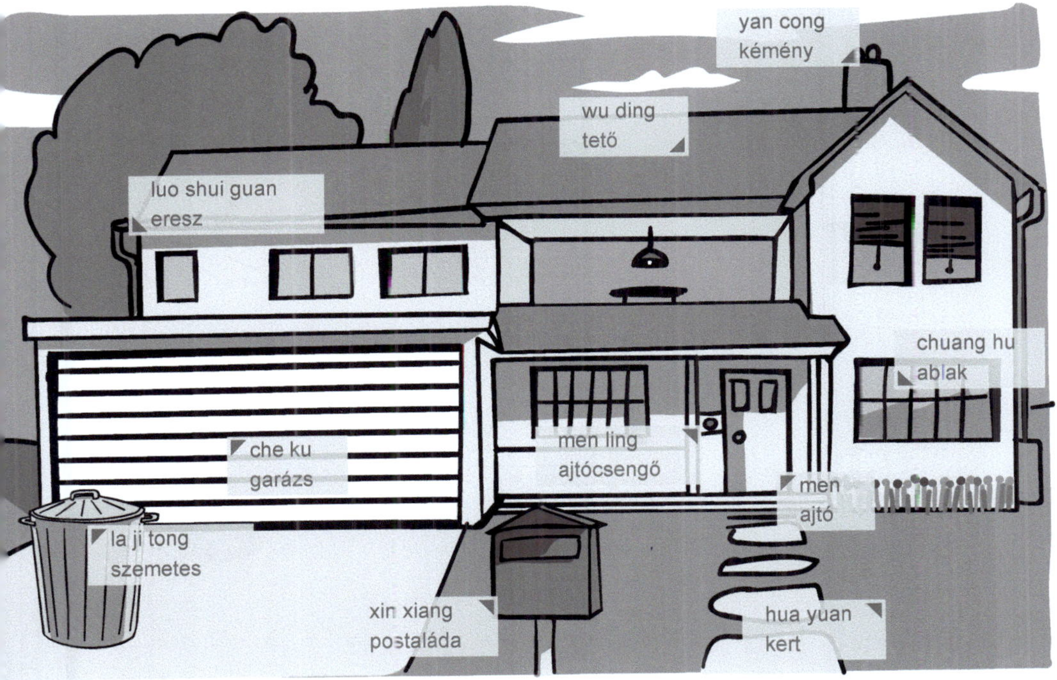

yan cong
kémény
wu ding
tető
luo shui guan
eresz
chuang hu
ablak
che ku
garázs
men ling
ajtócsengő
men
ajtó
la ji tong
szemetes
xin xiang
postaláda
hua yuan
kert

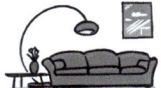

ke ting

nappali

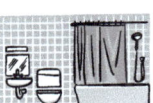

yu shi

fürdőszoba

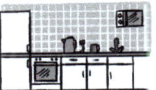

chu fang

konyha

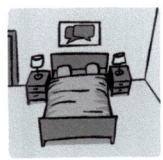

wo shi

hálószoba

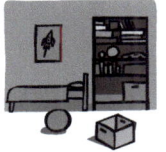

er tong fang

gyerekszoba

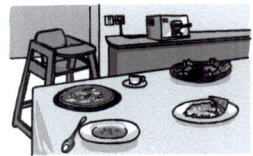

can ting

ebédlő

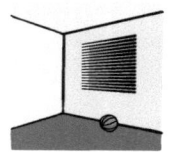

di ban

padló

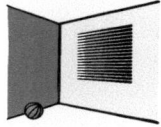

qiang bi

fal

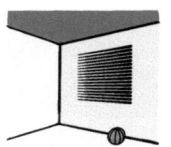

diao ding

plafon

di jiao

pince

sang na

szauna

yang tai

erkély

lu tai

terasz

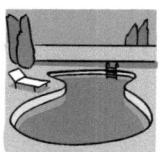

you yong chi

medence

ge cao ji

fűnyíró

bei dan

lepedő

chuang zhao

ágytakaró

chuang

ágy

sao zhou

seprű

shui tong

vödör

kai guan

kapcsoló

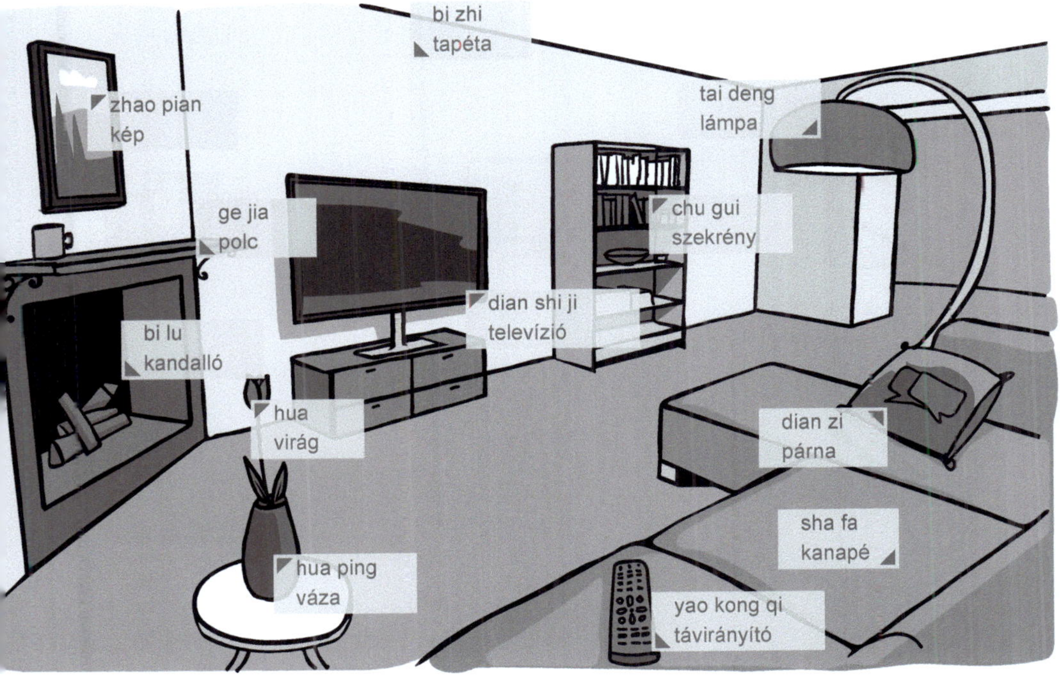

bi zhi
tapéta

zhao pian
kép

tai deng
lámpa

ge jia
polc

chu gui
szekrény

bi lu
kandalló

dian shi ji
televízió

hua
virág

dian zi
párna

sha fa
kanapé

hua ping
váza

yao kong qi
távirányító

di tan
szőnyeg

chuang lian
függöny

can zhuo
asztal

yi zi
szék

yao yi
hintaszék

fu shou yi
karosszék

shu

könyv

tan zi

takaró

zhuang shi pin

dekoráció

mu chai

tűzifa

dian ying

film

gao bao zhen yin xiang

hifi

yao shi

kulcs

bao zhi

újság

you hua

festmény

hai bao

poszter

shou yin ji

rádió

bi ji ben

jegyzetfüzet

xi chen qi

porszívó

xian ren zhang

kaktusz

la zhu

gyertya

chu fang
konyha

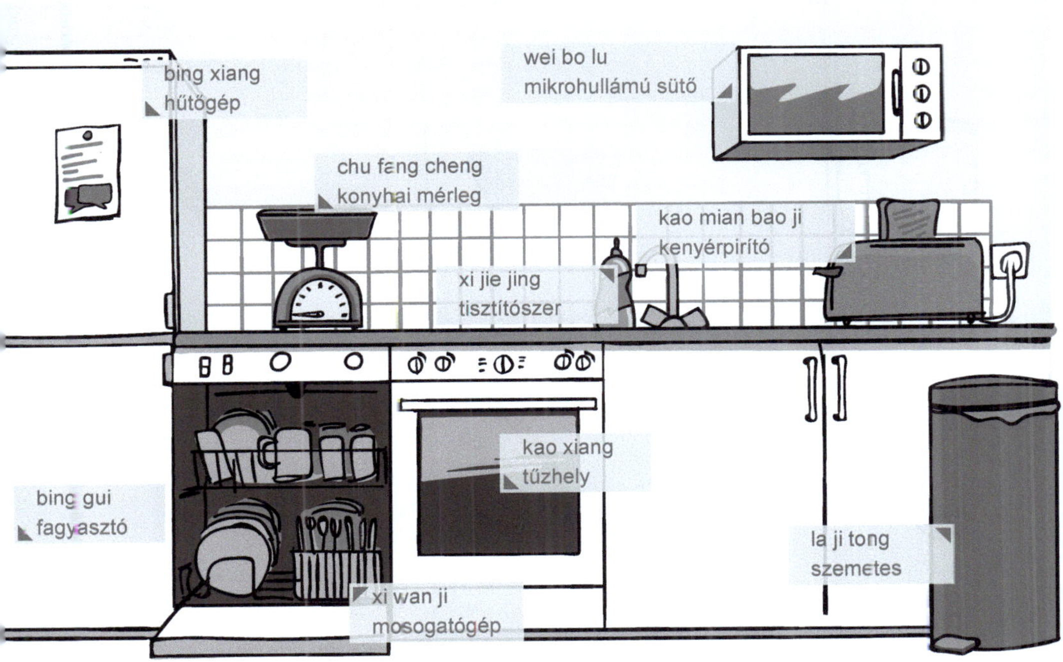
bing xiang
hűtőgép
wei bo lu
mikrohullámú sütő
chu fang cheng
konyhai mérleg
kao mian bao ji
kenyérpirító
xi jie jing
tisztítószer
kao xiang
tűzhely
bing gui
fagyasztó
la ji tong
szemetes
xi wan ji
mosogatógép

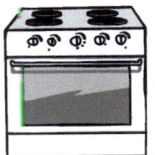

chui ju

tűzhely

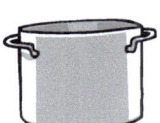

guo

edény

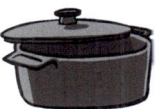

zhu tie guo

vasfazék

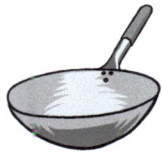

sha guo

wok / kadai

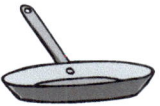

ping di guo

serpenyő

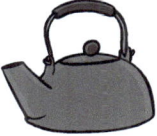

shui hu

vízforraló

zheng guo

pároló

kao pan

tepsi

tao ci guo

étkészlet

ma ke bei

bögre

wan

tálka

kuai zi

evőpálcika

chang bing shao

merőkanál

chan zi

keverőlapátka

jiao ban qi

habverő

lü wang

szűrő

shai zi

szita

mo sui ji

reszelő

yan bo

mozsár

shao kao

grillsütő

ming huo

kandalló

cai ban

vágódeszka

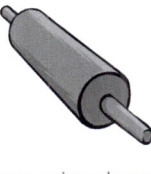

gan mian zhang

sodrófa

kai ping qi

dugóhúzó

guan zi

doboz

kai ping qi

konzervnyitó

ge re shou tao

edényfɔgó

shui cao

mosogató

shua zi

kefe

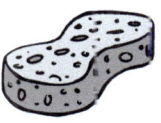

hai mian

szivacs

jiao ban ji

turmixgép

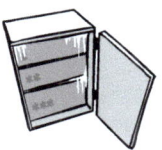

leng cang xiang

mélyhűtő

nai ping

cumisüveg

shui long tou

csap

yu shi
fürdőszoba

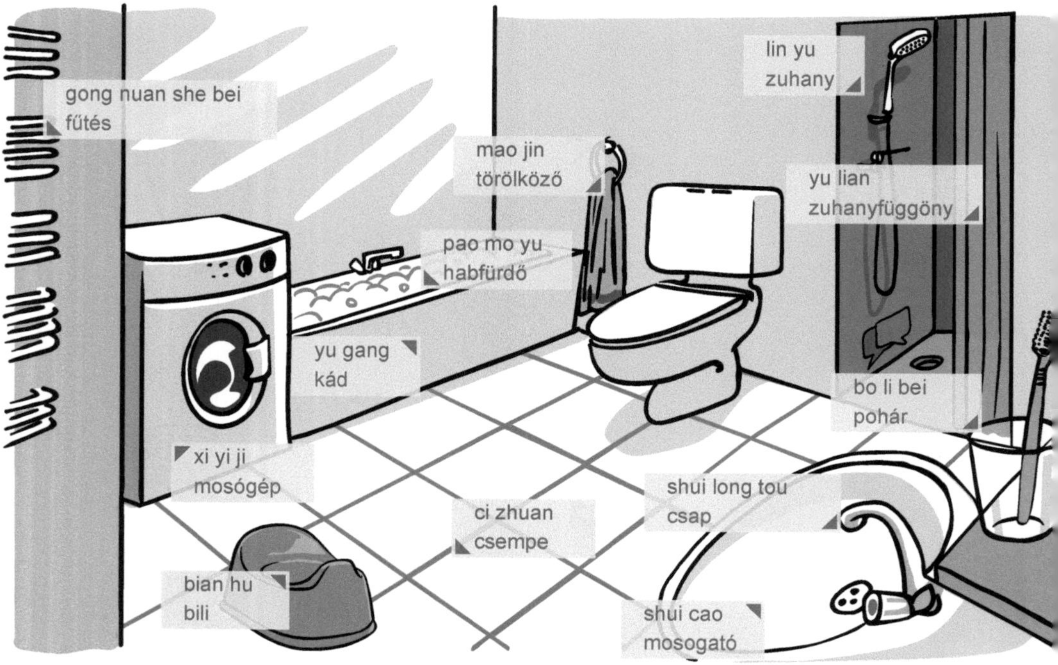

gong nuan she bei
fűtés
lin yu
zuhany
mao jin
törölköző
yu lian
zuhanyfüggöny
pao mo yu
habfürdő
yu gang
kád
bo li bei
pohár
xi yi ji
mosógép
shui long tou
csap
ci zhuan
csempe
bian hu
bili
shui cao
mosogató

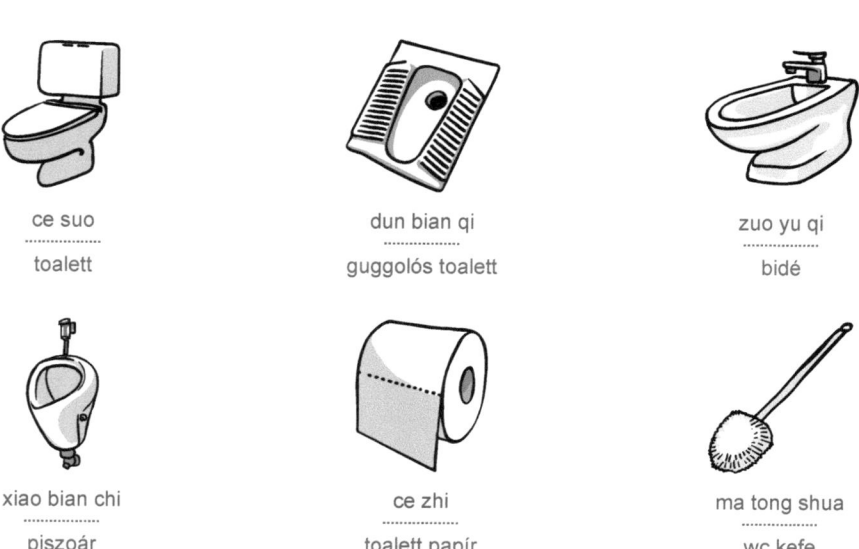

ce suo

toalett

dun bian qi

guggolós toalett

zuo yu qi

bidé

xiao bian chi

piszoár

ce zhi

toalett papír

ma tong shua

wc kefe

ya shua

fogkefe

ya gao

fogkrém

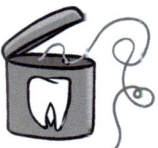

ya xian

fogselyem

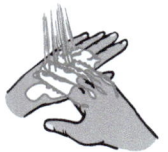

xi

mosni

shou chi shi pen lin tou

kézi zuhany

chong xi qi

intimzuhany

xi lian pen

mosdótál

ca bei shua

hátmosó kefe

fei zao

szappan

mu yu lu

tusfürdő

xi fa shui

sampon

fa lan rong

mosdókesztyű

pai shui

lefolyó

ru shuang

krém

chu chou ji

dezodor

jing zi

tükör

shou jing

kézitükör

ti xu dao

borotva

ti xu pao mo

borotvahab

xu hou shui

borotválkozás utáni
arcszesz

shu zi

fésű

shua zi

hajkefe

chui feng ji

hajszárító

pen fa ding xing ji

hajlakk

hua zhuang pin

smink

chun gao

ajakrúzs

zhi jia you

körömlakk

hua zhuang mian

vatta

zhi jia jian

körömvágó olló

xiang shui

parfüm

xi shu bao

neszesszer

deng zi

sámli

ji zhong cheng

mérləg

yu pao

köntös

xiang jiao shou tao

gumikesztyű

wei sheng mian tiao

tampɔn

wei sheng jin

egészségügyi betét

hua xue ce suo

vegyi WC

er tong fang
gyerekszoba

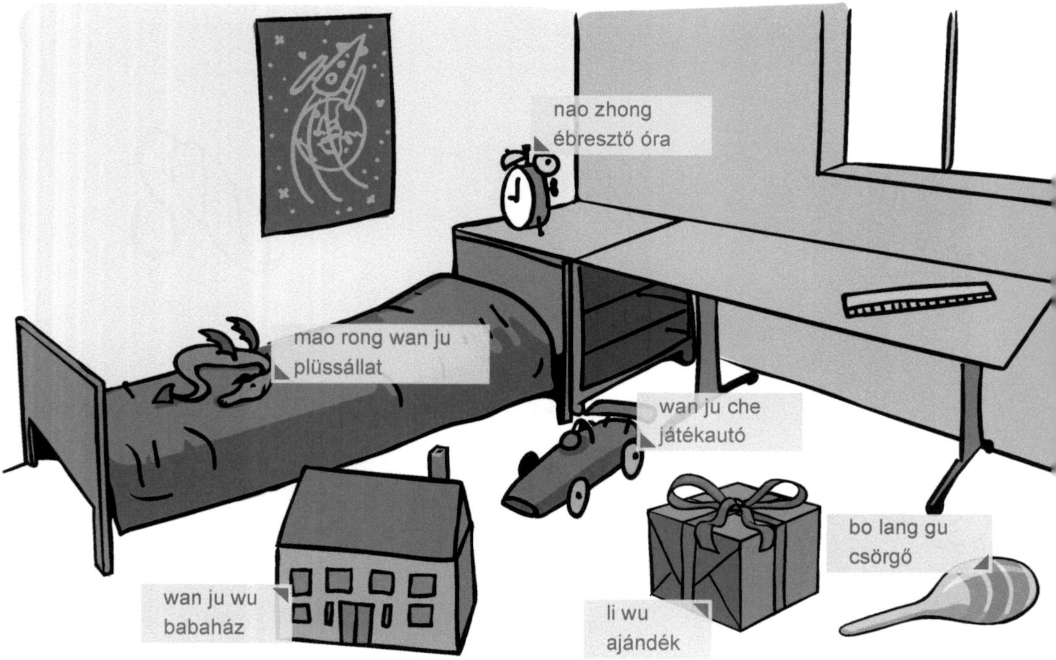
nao zhong
ébresztő óra
mao rong wan ju
plüssállat
wan ju che
játékautó
bo lang gu
csörgő
wan ju wu
babaház
li wu
ajándék

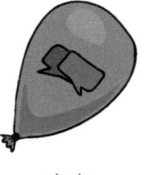

qi qiu

lufi

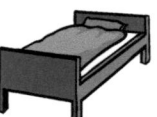

chuang

ágy

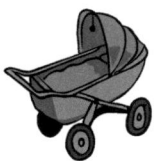

(yang wa wa yong)ying er che

babakocsi

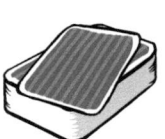

pu ke pai

kártyapakli

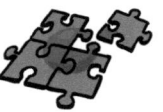

pin tu

kirakós játék

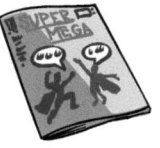

man hua

képregény

le gao ji mu

építőkockák

ji mu wan ju

építőelem

wan ju ren

szuperhős

ying er fu

rugdalózó

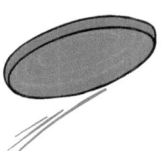

fei pan

frizbi

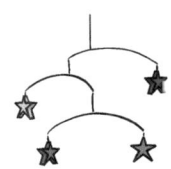

chuang ling wan ju

zenélő forgó

qi pan you xi

társasjáték

shai zi

kocka

huo che mo xing

modellvasút

an fu nai zui

cumi

ju hui

zsúr

hui ben

képeskönyv

qiu

labda

yang wa wa

baba

wan

játszani

sha keng

homokozó

qiu qian

hinta

wan ju

játékok

you xi ji

videójáték konzol

san lun che

tricikli

tai di xiong

teddi maci

yi chu

ruhásszekrény

yi fu
ruházat

wa zi

zokni

chang wa

harisnya

jin shen ku

harisnyanadrág

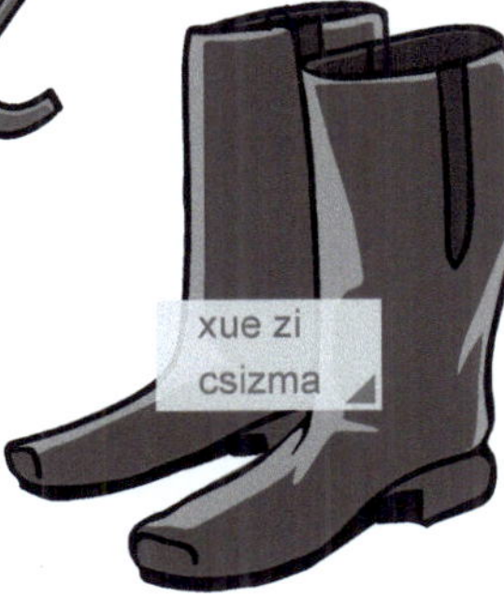

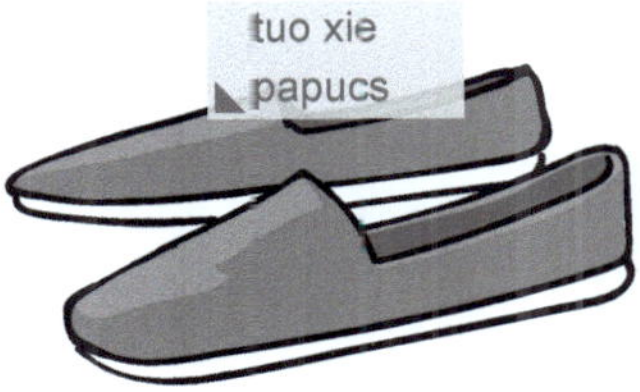

wei jin
sál

yu san
esernyő

pi dai
öv

T xù
póló

xue zi
csizma

tuo xie
papucs

yun dong xie
tornacipő

liang xie

szandál

xie

cipő

yu xùe

gumicsizma

nei ku

alsónadrág

xiong zhao

melltartó

bei xìn

mellény

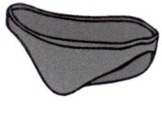

shen ti

body

ku zi

nadrág

niu zai ku

farmer

duan qun

szoknya

nü shi chen shan

blúz

chen shan

ing

tao tou shan

pulóver

wei yi

kapucnis pulóver

xi zhuang jia ke

blézer

jia ke

dzseki

wai tao

kabát

yu yi

esőkabát

tao zhuang

kosztüm

lian yi qun

ruha

hun sha

esküvői ruha

xi zhuang

öltöny

shui pao

hálóing

shui yi

pizsama

sha li

szári

tou jin

fejkendő

bao tou jin

turban

bo ka

burka

ka fu tan

kaftán

(a la bo shi)chang pao

abaya

yong yi

fürdőruha

nan shi yong ku

fürdőnadrág

duan ku

rövidnadrág

yun dong fu

tréningruha

wei qun

kötény

shou tao

kesztyű

yi fu - ruházat

niu kou

gomb

yan jing

szemüveg

shou lian

karkötő

xiang lian

nyaklánc

jie zhi

gyűrű

er huan

fülbevaló

bian mao

sapka

yi jia

vállfa

mao zi

kalap

ling dai

nyakkendő

la lian

cipzár

tou kui

bukósisak

bei dai

nadrágtartó

xiao fu

iskolai egyenruha

zhi fu

egyenruha

wei dou

elöke

an fu nai zui

cumi

niao bu shi

pelenka

ban gong shi
iroda

fu wu qi
szerver

wen jian gui
irattartó szekrény

da yin ji
nyomtató

xian shi ping
képernyö

zhi
papír

ban gong zhuo
íróasztal

shu biao
egér

wen jian jia
mappa

jian pan
billentyűzet

fei zhi kuang
papír-hulladék gyűjtő

dian nao
számítógép

yi zi
szék

ka fei bei

kávéscsésze

ji suan qi

számológép

yin te wang

internet

bi ji ben dian nao

laptop

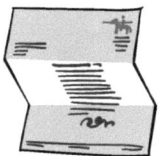

xin jian

levél

xiao xi

üzenet

shou ji

mobiltelefon

wang luo

hálózat

fu yin ji

fénymásoló

ruan jian

szoftver

dian hua

telefon

cha zuo

konnektor

chuan zhen ji

faxgép

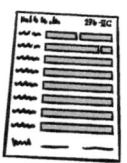

biao ge

formanyomtatvány

wen jian

dokumentum

mai

venni

fu qian

fizetni

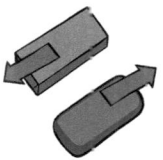

jiao yi

kereskedni

xian jin

pénz

 USD

mei yuan

dollár

 EUR

ou yuan

euró

 JPY

ri yuan

jen

 RUB

lu bu

rubel

 CHF

rui shi fa lang

svájci frank

 CNY

ren min bi

kínai jüan

 INR

lu bi

rúpia

ti kuan chu

bankautomata

wai bi dui huan chu

valutaváltó iroda

jin

arany

yin

ezüst

shi you

olaj

neng yuan

energia

jia ge

ár

he tong

szerződés

shui jin

adó

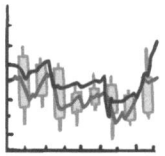

gu piao

részvény

gong zuo

dolgozni

zhi yuan

munkavállaló

lao ban

munkaadó

gong chang

gyár

shang dian

üzlet

zhi ye
foglalkozások

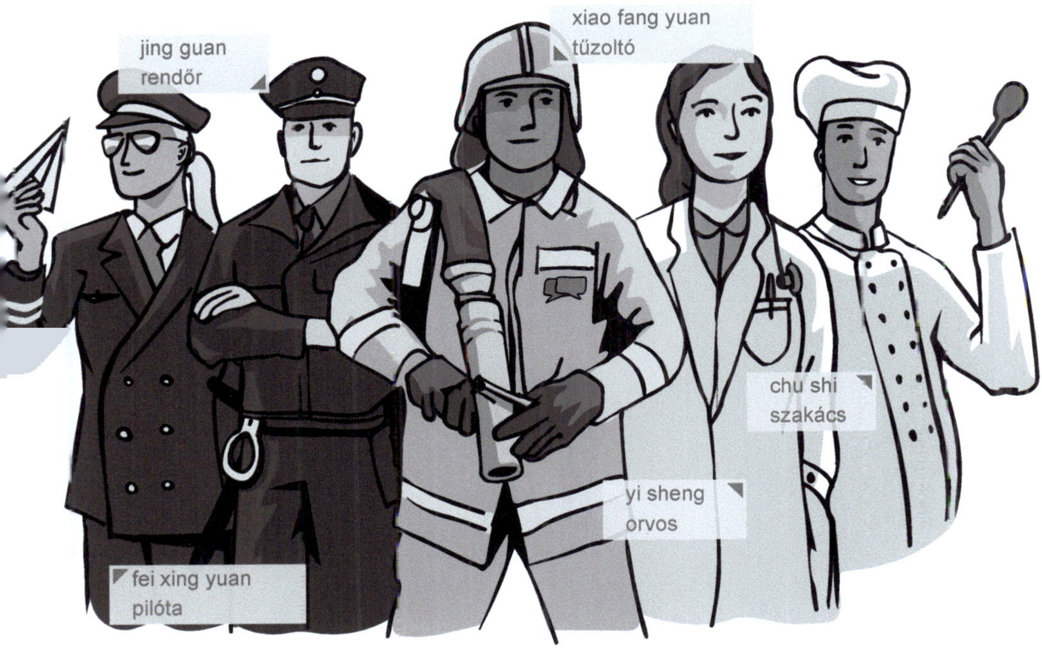
jing guan
rendőr
xiao fang yuan
tűzoltó
chu shi
szakács
yi sheng
orvos
fei xing yuan
pilóta

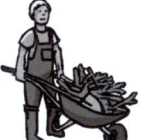

yuan ding

kertész

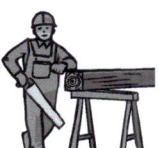

mu jiang

kárpitos

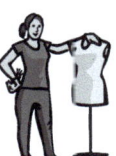

cai feng

varrónő

fa guan

bíró

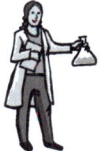

hua xue jia

vegyész

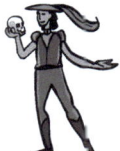

yan yuan

színész

gong jiao che si ji

buszsofőr

chu zu che si ji

taxisofőr

yu fu

halász

qing jie nü gong

bejárónő

wu ding gong

tetőfedő

fu wu yuan

pincér

lie ren

vadász

hua jia

festő

mian bao shi

pék

dian gong

villanyszerelő

jian zhu gong ren

építőmunkás

gong cheng shi

mérnök

tu fu

hentes

shui guan gong

vízvezeték-szerelő

you di yuan

postás

shi bing

katona

jian zhu shi

építész

shou yin yuan

eladó

hua nong

virágos

li fa shi

fodrász

shou piao yuan

kalauz

ji xie shi

műszerész

chuan zhang

kapitány

ya yi

fogorvos

ke xue jia

tudós

la bi

rabbi

yi ma mu

imám

he shang

szerzetes

mu shi

lelkész

gong ju
szerszámok

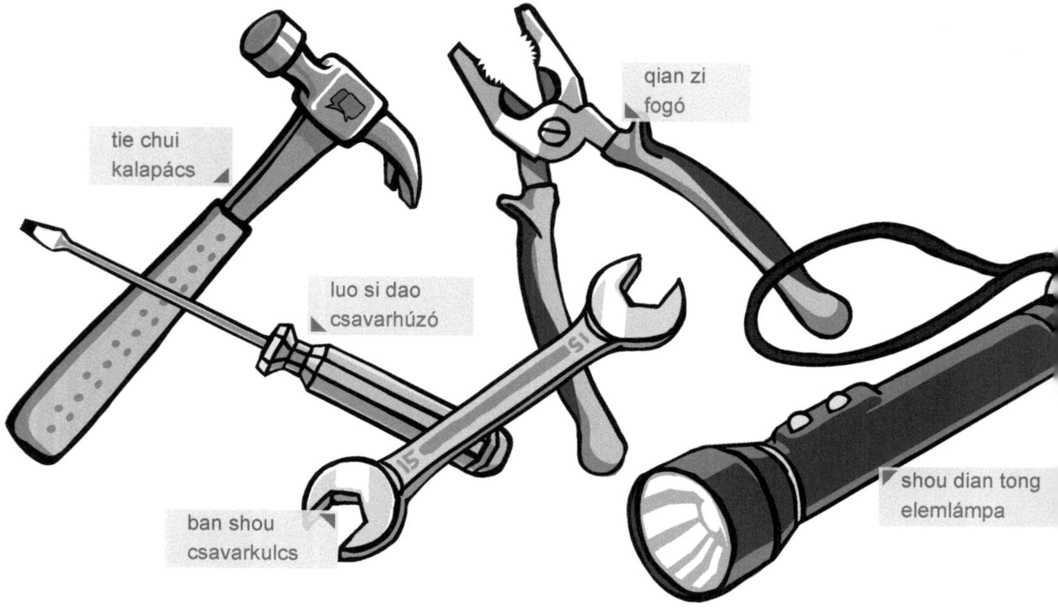
tie chui
kalapács
qian zi
fogó
luo si dao
csavarhúzó
ban shou
csavarkulcs
shou dian tong
elemlámpa

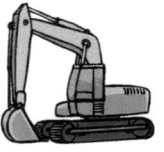

wa jue ji

markológép

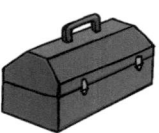

gong ju xiang

szerszámosláda

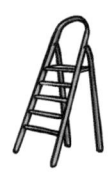

ti zi

vödör

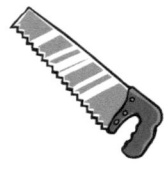

ju zi

fűrész

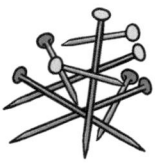

ding zi

szög

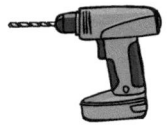

zuan ji

fúrógép

xiu

megjavítani

chan zi

lapát

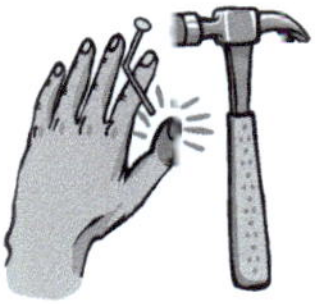

kac!

A francba!

bo ji

szemétlapát

you qi tong

festékesdoboz

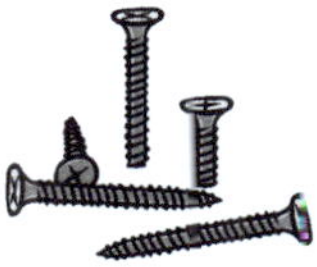

luo si

csavar

yue qi
hangszerek

da ji yue qi
dobfelszerelés

yang sheng qi
hangszóró

ji ta
gitár

di yin ti qin
nagybőgő

xiao hao
trombita

gang qin

zongora

xiao ti qin

hegedű

bei si

basszusgitár

ding yin gu

üstdob

gu

dobok

dian zi qin

digitális zongora

sa ke si guan

szaxofon

chang di

fuvola

mai ke feng

mikrofon

yue qi - hangszerek

dong wu yuan
állatkert

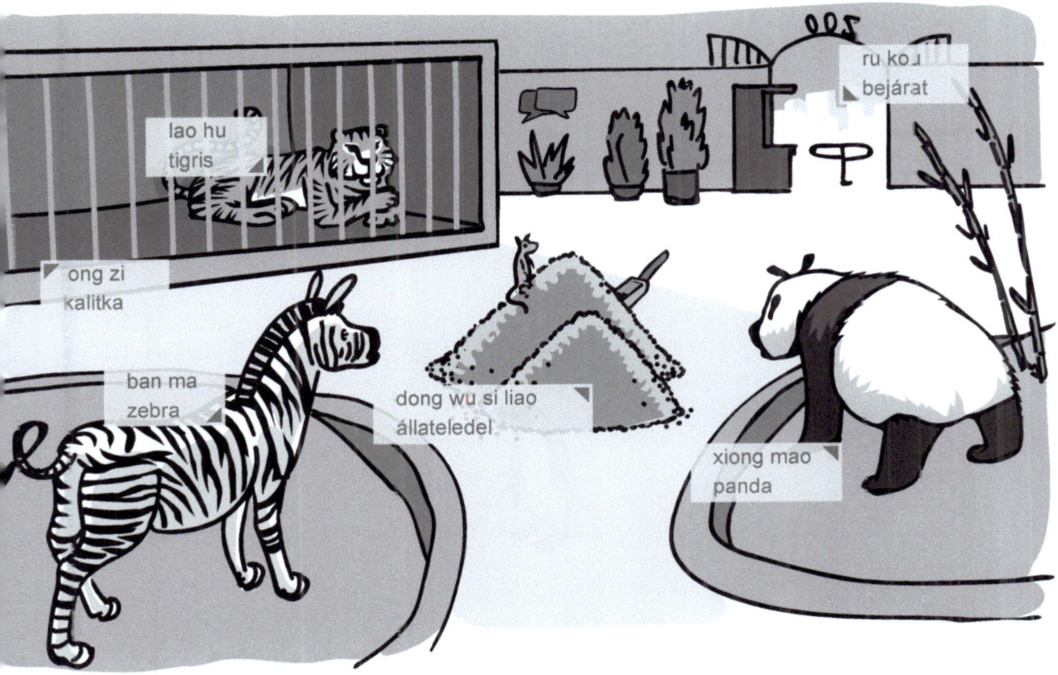

lao hu
tigris
ru ko
bejárat
ong zi
kalitka
ban ma
zebra
dong wu si liao
állateledel
xiong mao
panda

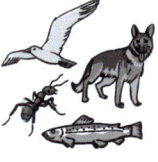

dong wu

állatok

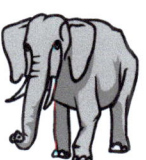

da xiang

elefánt

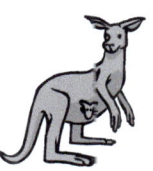

dai sh

kenguru

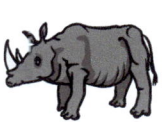

xi niu

orrszarvú

da xing xing

gorilla

xiong

medve

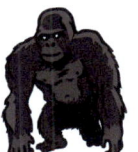

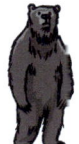

luo tuo

teve

tuo niao

strucc

shi zi

oroszlán

hou zi

majom

huo lie niao

flamingó

ying wu

papagáj

bei ji xiong

jegesmedve

qi e

pingvin

sha yu

cápa

kong que

páva

she

kígyó

e yu

krokodil

dong wu yuan guan li yuan

állatgondozó

hai bao

fóka

mei zhou bao

jaguár

ai zhong ma

póniló

bao

leopárd

he ma

vízilő

chang jing lu

zsiráf

lao ying

sas

ye zhu

vaddisznó

yu

hal

gui

teknős

hai xiang

rozmár

hu li

róka

ling yang

gazella

gan lan qiu
amerikai futball

qi zi xing che
kerékpározás

wang qiu
tenisz

lan qiu
kosárlabda

you yong
úszás

bing qiu
jégkorong

quan ji
boksz

ying shi zu qiu

futball

yu mao qiu

tollas

tian jing

atlétika

shou qiu

kézilabda

hua xue

síelés

ma qiu

lovaspóló

huo dong
tevékenységek

xiao
nevetni
tiao
ugrani
yong bao
ölelni
zou lu
sétálni
chang
énekelni
zuo meng
álmodni
qi dao
dicsérni
qin wen
csókolni

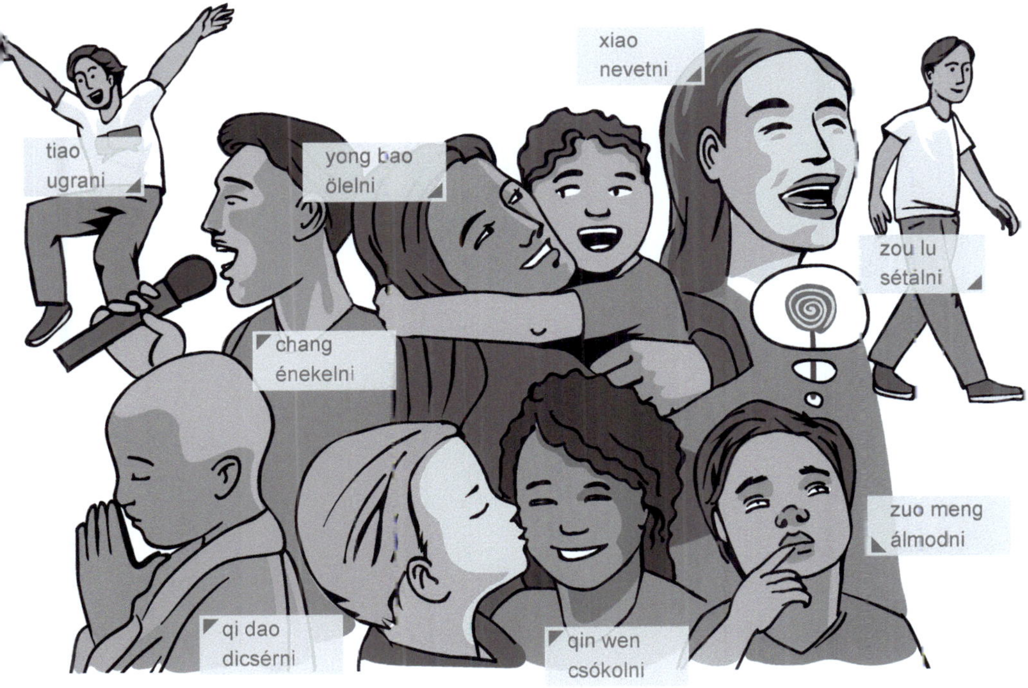

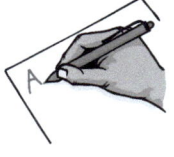

shu xie

írni

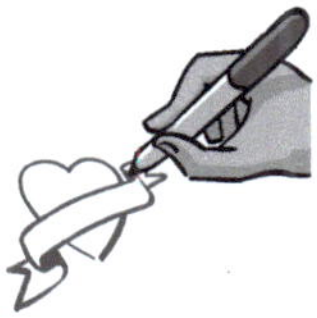

hua

rajzolni

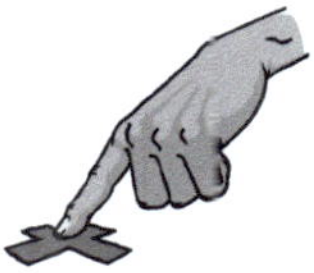

zhan shi

mutatn

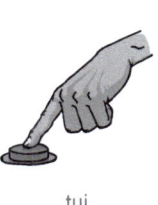

tui

tolni

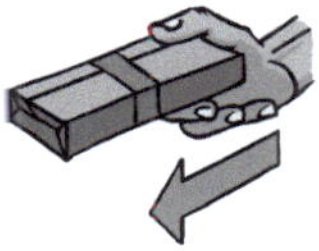

gei

adni

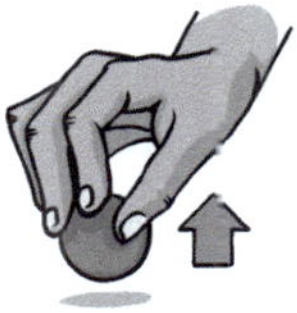

na

vinni

you
birtokolni

zuo
csinálni

dang
lenni

zhan
állni

pao
futni

la
húzni

reng
hajít

shuai dao
esni

tang
hazudni

deng dai
várni

xie dai
vinni

zuo
ülni

chuan yi
felvenni

shui jiao
aludni

xing lai
felébredni

kan

ránézni

ku

sírni

fu mo

simogat

shu tou

fésülni

jiao tan

beszélni

ming bai

megérteni

wen

kérdezni

ting

hallgatni

he

inni

chi

enni

qing li

takarítani

ai

szeretni

zuo fan

főzni

kai che

vezetni

fei

szállni

huo dong - tevékenységek

hang xing

vitorlázni

ji suan

számol

du

olvasni

xue xi

tanulni

gong zuo

dolgozni

jie hun

házasodni

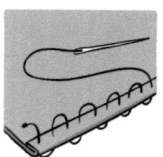

feng

varrni

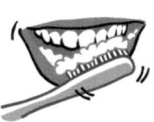

shua ya

fogat mosni

sha

ölni

chou yan

dohányozni

ji

küldeni

jia
család

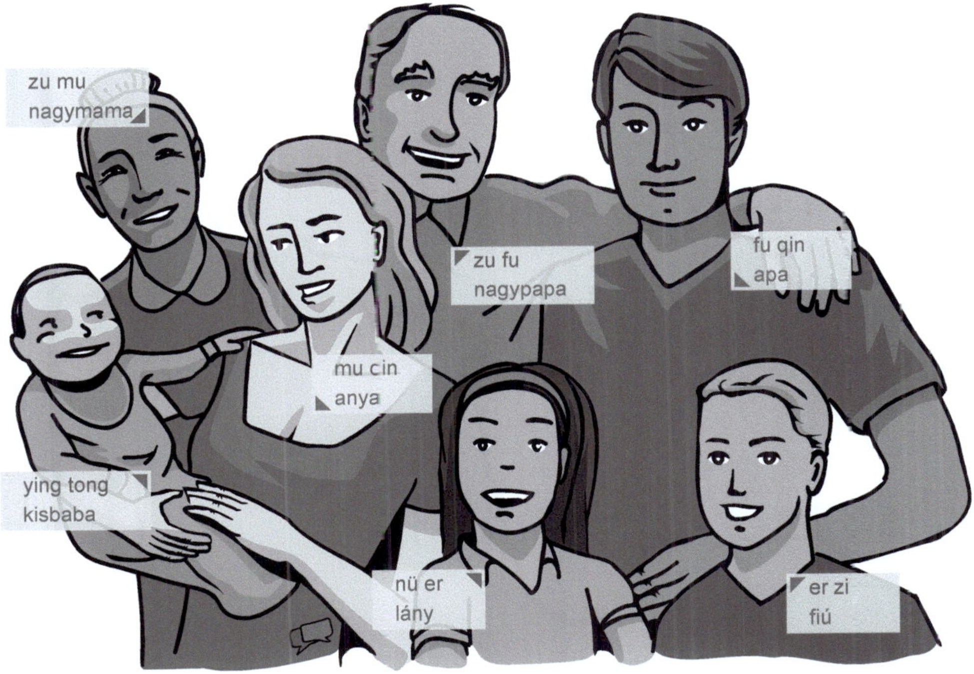
zu mu
nagymama
zu fu
nagypapa
fu qin
apa
mu cin
anya
ying tong
kisbaba
nü er
lány
er zi
fiú

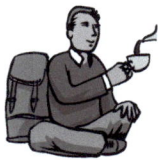

ke ren

vendég

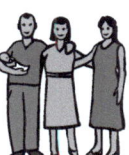

a yi

nagynéni

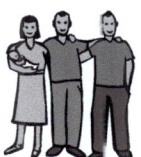

shu shu

nagybácsi

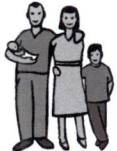

xiong di

fiútestvér

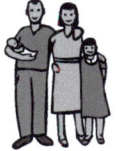

jie mei

lánytestvér

shen ti

test

qian e
homlok
yan jing
szem
jian bang
váll
shou zhi
ujj
lian
arc
xia ba
áll
shou
kéz
tui
láb
ru fang
mell
shou bi
kar

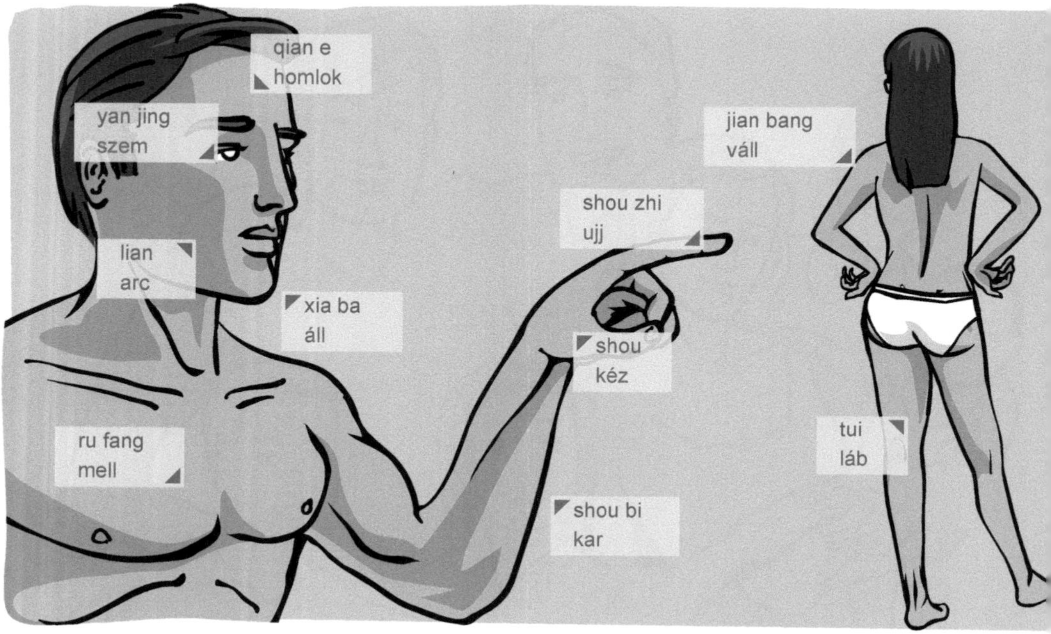

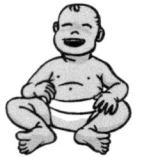

ying tong

kisbaba

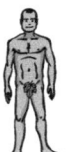

nan ren

ember

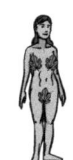

nü ren

nő

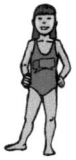

nü hai

lány

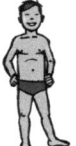

nan hai

fiú

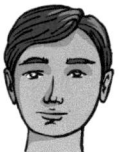

tou

fej

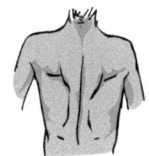

bei bu

hát

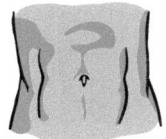

du zi

has

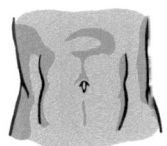

du ci

köldök

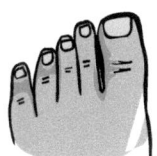

jiao zhi

lábujj

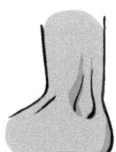

jiao hou gen

sarok

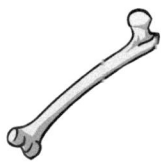

gu tou

csont

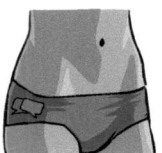

tun bu

csípő

xi gai

térd

shou zhou

könyök

bi zi

orr

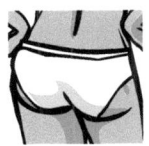

pi gu

fenék

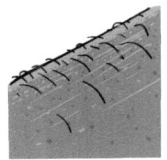

pi fu

bőr

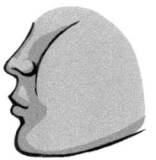

lian jia

orca

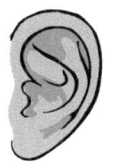

er duo

fül

zui chun

ajak

shen ti - test

zui

száj

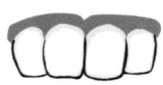

ya chi

fog

she tou

nyelv

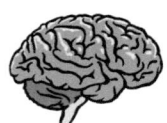

nao

agy

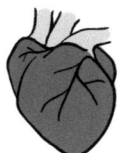

xin zang

szív

ji rou

izom

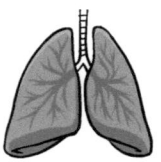

fei

tüdő

gan zang

máj

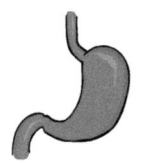

wei

gyomor

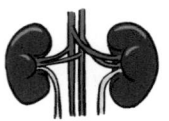

shen zang

vese

xing jiao

szex

bi yun tao

kondom

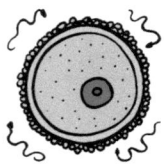

luan zi

petesejt

jing zi

sperma

huai yun

terhesség

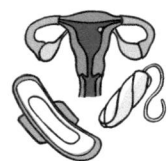

yue jing

menstruáció

yin dao

vagina

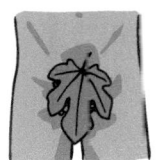

yin jing

pénisz

mei mao

szemöldök

tou fa

haj

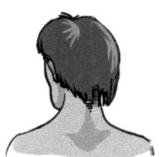

bo zi

nyak

yi yuan
kórház

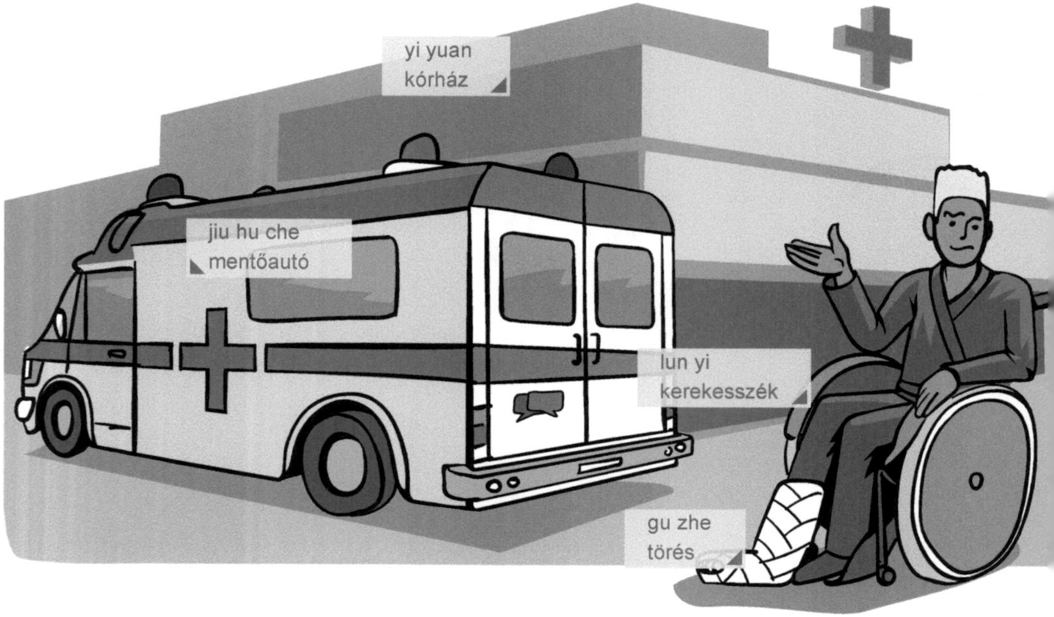

yi yuan
kórház
jiu hu che
mentőautó
lun yi
kerekesszék
gu zhe
törés

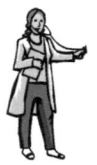

yi sheng

orvos

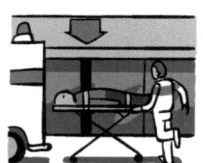

ji zhen shi

sürgősségi osztály

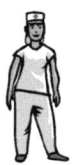

hu shi

ápoló

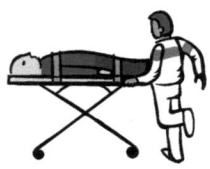

jin ji qing kuang

vészhelyzet

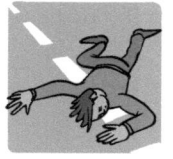

hun mi

eszméletlen

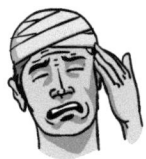

tong

fájdalom

shou shang

sérülés

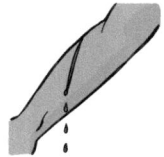

chu xue

vérzés

xin zang bir g fa zuo

szívroham

zhong feng

szélütés

guo min

allergia

ke sou

köhögés

fa shao

láz

liu gan

influenza

fu xie

hasmenés

tou tong

fejfájás

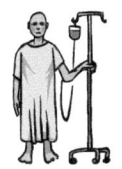

ai zheng

rák

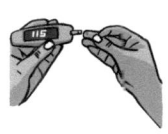

tang niao b ng

cukorbetegség

wai ke yi sheng

sebész

shou shu dao

szike

shou shu

műtét

CT
CT

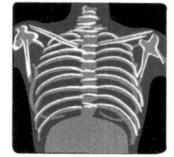

X guang
röntgen

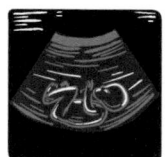

chao sheng bo
ultrahang

kou zhao
arcmaszk

ji bing
betegség

hou zhen shi
váróterem

guai zhang
mankó

shi gao
sebtapasz

beng dai
kötszer

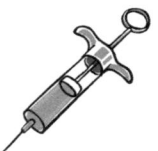

zhu she
injekció

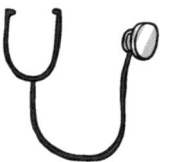

ting zhen qi
sztetoszkóp

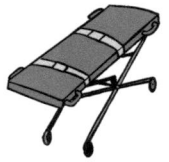

dan jia
hordágy

ti wen ji
klinikai hőmérő

chu sheng
születés

chao zhong
túlsúly

zhu ting qi

hallókészülék

xiao du ye

fertőtlenítőszer

gan ran

fertőzés

bing du

vírus

ai zi bing

HIV/AIDS

yao wu

orvosság

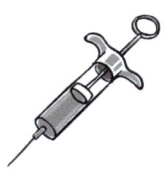

jie zhong yi miao

oltás

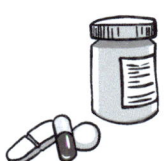

yao pian

tabletták

yao wan

tabletta

ji jiu dian hua

sürgősségi hívás

xue ya ji

vérnyomásmérő

sheng bing/jian kang

betegség / egészség

jiu ming!

Segítség!

jing bao

riasztás

tu ji

rajtaütés

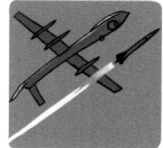

gong ji

támadás

wei xian

veszély

jin ji chu kou

vészkijárat

zhao huo la!

tűz!

mie huo qi

tűzoltókészülék

yi wai

baleset

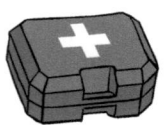

ji jiu xiang

elsősegélycsomag

hu jiu xin hao

SOS

jing cha

rendőrség

ou zhou

Európa

bei mei zhou

Észak-Amerika

nan mei zhou

Dél-Amerika

fei zhou

Afrika

ya zhou

Ázsia

ao zhou

Ausztrélia

da xi yang

Atlanti-óceán

tai ping yang

Csendes-óceán

yin du yɛng

Indiai-óceán

nan bing yang

Déli-óceán

bei bing yang

Jeges-tenger

bei ji

Északi-sɛrk

nan ji

Déli-sark

nan ji zhou

Antarktisz

di qiu

föld

lu di

szárazföld

hai

tenger

dao

sziget

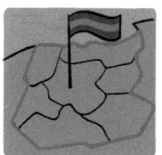

guo jia

nemzet

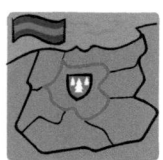

guo jia

állam

zhong mian

számlap

shi zhen

kismutató

fen zhen

nagymutató

miao zhen

másodpercmutató

xian zai ji dian?

Mennyi az idő?

tian

nap

shi jian

idő

xian zai

most

dian zi biao

digitális óra

fen

perc

shi

óra

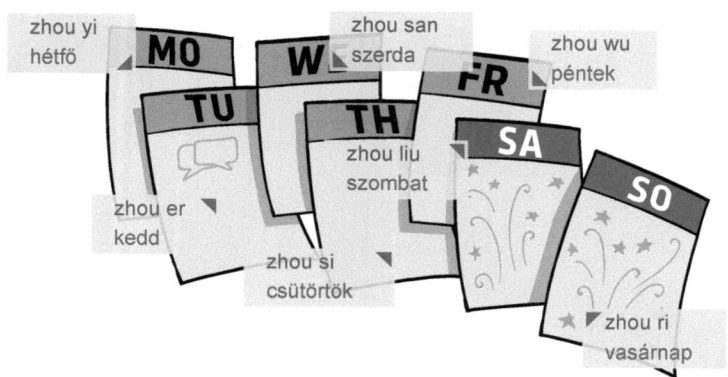

zhou yi
hétfő

zhou san
szerda

zhou wu
péntek

zhou er
kedd

zhou liu
szombat

zhou si
csütörtök

zhou ri
vasárnap

zuo tian

tegnap

jin tian

ma

ming tian

holnap

zao chen

reggel

zhong wu

dél

wan shang

este

MO	TU	WE	TH	FR	SA	SU
1	2	3	4	5	6	7
8	9	10	11	12	13	14
15	16	17	18	19	20	21
22	23	24	25	26	27	28
29	30	31	1	2	3	4

gong zuo ri

hétköznap

MO	TU	WE	TH	FR	SA	SU
1	2	3	4	5	6	7
8	9	10	11	12	13	14
15	16	17	18	19	20	21
22	23	24	25	26	27	28
29	30	31	1	2	3	4

zhou mo

hétvége

nian
év

yu
eső
cai hong
szivárvány
feng
szél
xue
hó
chun
tavasz
xia
nyár
qiu
ősz
dong
tél

4.APRIL 11°
5.APRIL 4°
6.APRIL 13°
7.APRIL 8°
8.APRIL 10°

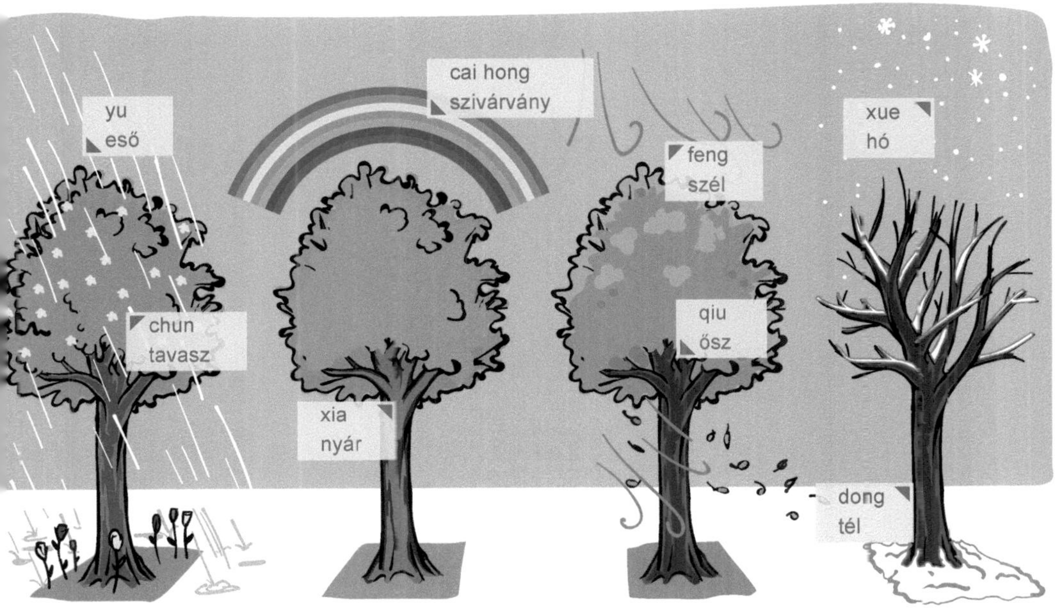

tian qi yu bao

időjárás előrejelzés

F C
120 40
90 30
60 20
30 10
0 0
-30 -10
-20

wen du ji

hőmérő

yang guang

napsütes

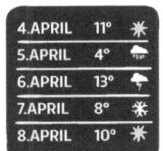

yun

felhő

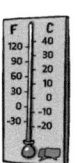

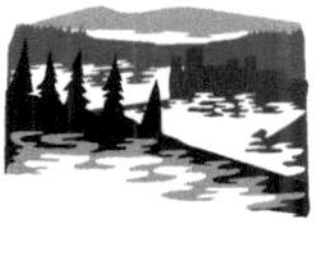

wu

köd

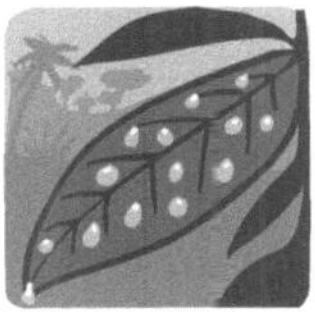

chao shi

páratartalom

shan dian

villámlás

da lei

mennydörgés

feng bao

vihar

bing bao

jégeső

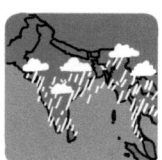

ji feng

monszun

hong shui

áradás

bing

jég

yi yue

január

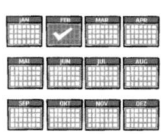

er yue

február

san yue

március

si yue

április

wu yue

május

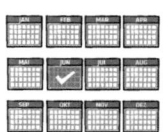

liu yue

június

qi yue

július

ba yue

augusztus

nian - év

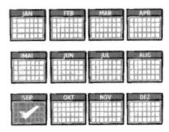

jiu yue

szeptember

shi yue

október

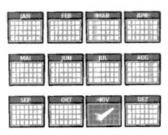

shi yi yue

november

shi er yue

december

yuan xing

kör

zheng fang xing

négyzet

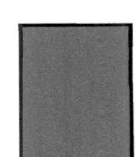

chang fang xing

téglalap

san jiao xing

háromszög

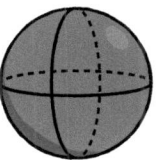

qiu ti

gömb

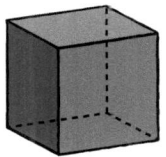

li fang ti

kocka

bai

fehér

huang

sárga

cheng

narancs

fen

rózsaszín

hong

piros

zi

lila

lan

kék

lü

zöld

zong

barna

hui

szürke

hei

fekete

hen duo/shao xu

sok / kevés

sheng qi/ping jing

mérges / nyugodt

mei/chcu

szép / csúnya

shou/wei

kezdet / vég

da/xiao

nagy / kicsi

ming/an

világos / sötét

xiong di/jie mei

fivér / nővér

gan jing/ang zang

tiszta / koszos

wan zheng/que shi

teljes / nem teljes

bai tian/wan shang

nappal / éjszaka

si/sheng

halott / élő

kuan/zhai

széles / keskeny

ke shi yong/fei shi yong

ehető / nem ehető

xie e/shan liang

gonosz / kedves

xing fen/wu liao

izgatott / unott

pang/shou

kövér / vékony

di yi/zui hou

első / utolsó

peng you/di ren

barát / ellenség

man/kong

teli / üres

ying/ruan

kemény / puha

zhong/qing

nehéz / könnyű

e/ke

éhség / szomjúság

sheng bing/jian kang

betegség / egészség

fei fa/he fa

illegális / legális

cong ming/yu ben

intelligens / buta

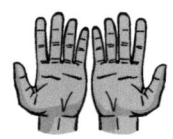

zuo/you

bal / jobb

jin/yuan

közel / távol

xin/jiu

új / használt

mei you/you xie

semmi / valami

lao/you

idős / fiatal

kai/guan

be / ki

da kai/he shang

nyitva / zárva

an jing/chao nao

csendes / hangos

fu/qiong

gazdag / szegény

dui/cuo

helyes / helytelen

cu cao/guang hua

érdes / sima

shang xin/gao xing

szomorú / vidám

duan/chang

rövid / hosszú

man/kuai

lassú / gyors

shi/gan

nedves / száraz

wen nuan/liang shuang

meleg / hideg

zhan zheng/he ping

háború / béke

0	**1**	**2**
ling	yi	er
nulla	egy	kettő
3	**4**	**5**
san	si	wu
három	négy	öt
6	**7**	**8**
liu	qi	ba
hat	hét	nyolc
9	**10**	**11**
jiu	shi	shi yi
kilenc	tíz	tizenegy

12

shi er

tizenkettő

13

shi san

tizenhárom

14

shi si

tizennégy

15

shi wu

tizenöt

16

shi liu

tizenhat

17

shi qi

tizenhét

18

shi ba

tizennyolc

19

shi jiu

tizenkilenc

20

er shi

húsz

100

bai

száz

1.000

qian

ezer

1.000.000

bai wan

millió

ying yu

angol

mei shi ying yu

amerikai angol

pu tong hua

mandarin kínai

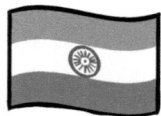

yin di yu

hindi

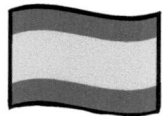

xi ban ya yu

spanyol

fa yu

francia

a la bo yu

arab

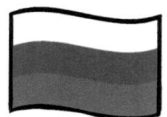

e yu

orosz

pu tao ya yu

portugál

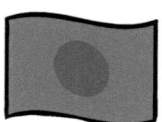

feng jia la yu

bengáli

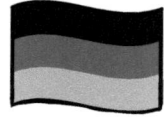

de yu

német

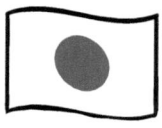

ri yu

japán

wo

én

ni

te

ta/ta/ta

ö

wo men

mi

ni men

ti

ta men

ök

shei?

ki?

shen me?

mi?

zen yang?

hogyan?

na li?

hol?

shen me shi hou?

mikor?

ming zi

név

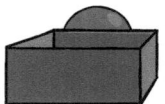

hou mian

mögött

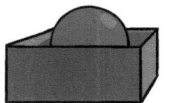

li mian

benne

qian mian

elötte

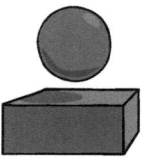

shang fang

felette

shang mian

rajta

xia mian

alatta

pang bian

mellett

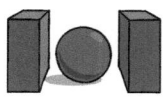

zhong jian

között

di dian

hely